Abrevamentos

Pedro Burgos Montero

Pedro Burgos Montero

A Pablo Méndez, amigo y editor, por su extraordinaria labor.

Somorba— Dic. 2021

Abrevamentos

EDICIONES VITRUVIO

www.edicionesvitruvio.com

Primera edición, 2024

© Ediciones Vitruvio
C/ Menorca, nº 44
28009
Madrid
Teléfono: 91 573 21 86

ISBN: 978-84-129313-1-0
ediciones vitruvio, nº 1. 686

La permanencia del instante en *Abrevamentos*

El aforismo es un género intrincado y exigente, no es de extrañar que una buena parte de los grandes aforistas comenzaran a publicar sus libros pasadas las cinco décadas. El maestro Antonio Porchia, quien publicara *Voces* a los 57 años, es un ejemplo de ello. Y es que ya cuando el sol dora las hojas, es cuando mejor podemos apreciar qué colores realmente guardan. Pedro Burgos Montero parece llevar toda la vida ejerciendo la vocación aforística: convierte imágenes en símbolos, destila pensamientos complejos en apenas unas pocas palabras, retuerce el lenguaje —pensemos en él como una vasija que debe romperse para ver lo que hay dentro de cada sílaba— hasta agrietarlo, y con la sabiduría y paciencia de la araña lo usa de red para atrapar en él la experiencia que ha conseguido gracias a las impresiones y precisiones de su mirada atenta. En un mundo actual, cada vez más dado a la prisa y al exceso, este libro es una invitación a detenernos en la contemplación y la introspección, desafiando nuestras concepciones preestablecidas y provocando nuevas formas de entendimiento. En sus páginas encontramos a un autor que no teme confrontar vida y convencionalismos, que celebra la diversidad de las ideas, abraza la paradoja y no duda en decir esas cosas que a menudo se quieren silenciar. *Abrevamentos* se nos muestra como una ventana caleidoscópica en la que se visualiza un universo en expansión hacia las profundidades de la condición humana. Con maestría y sutileza, Pedro Burgos Montero condensa verdades universales, nos invita a mirar más allá de lo evidente, a escuchar con atención y nos recuerda que la verdad puede encontrarse en lo que frecuentemente pasamos por alto, en los silencios elocuentes y en los gestos más ínfimos.

Al leer *Abrevamentos,* nos sentimos como si visitáramos un templo, siguiendo el resplandor de sus luminarias, tras haber estado caminando en la oscuridad. Cada máxima es un dardo certero, con claros y diversos referentes, a pesar de que en este libro convergen aforismos escritos hace mucho tiempo y también escritos hace pocos días. Este es un libro luminoso, ágil y elegante. El libro, sin duda, de un solitario. En él se evidencia que el autor posee una vasta cultura y que sus aforismos y él han hecho un largo recorrido juntos, para acabar seguramente al filo de la misma nada, según Jabés, o del Silencio absoluto, según Ildo Tenorio.

El autor nos dice que *todo buen aforismo puede memorizarse fácilmente,* yo lo secundo añadiendo que cuando se puede recordar, también pertenece a la persona que lo lee o lo oye, hasta convertirse en una especie de refrán que todo el mundo conoce o repite. Nadie puede leer un buen aforismo y seguir siendo el que era, como nadie que lea *El Quijote* puede abstraerse de su cuerda locura. Hay algo dentro que se fragmenta igual que la escritura de este género literario que Pedro Burgos Montero domina a la perfección, según mi criterio. Con los buenos escritores, siempre nos queda la marca ardiente del hallazgo. Y para quien, como yo, cree y siente el aforismo cual un trueno que estremece al lector, este libro nos deja ante una tormenta que, silenciosa, retumba por dentro y nos inquieta, ya con su quietud, ya con la posibilidad del rayo que nos pudiera herir el corazón.

Christian Encarnación

Abrevamentos

A Víctor Humareda

El hombre ha muerto, el prisionero es libre.
Francisco Pino

1. Yo: la -y que todo lo une y la- o que todo lo contiene.

2. Los artistas que se alimentan de arte son como las abejas que se alimentan de miel.

3. No hay amor que no se vaya a ir.

4. Ya tengo la base para multiplicarla por la hartura.

5. Yo entrecomillo lo que me entrecomille.

6. La fue matando a disgustos hasta "morirla".

7. Tren estacionado en vía muerta no admite viajeros. Esperen su turno, por favor.

8. Mi recuerdo se acuerda de ti.

9. El ojo de la aguja es una obsesión para el camello.

10. La luz es ciega.

11. Con la vista no vemos tanto como con el tacto.

12. Lo sobrenatural existe, creámoslo o no.

13. Lo visible encierra más misterio que lo que no podemos ver.

14. La rutina lo arruina todo.

15. Llega un día en que, desgraciadamente, si eres escritor, conoces a tus contemporáneos.

16. Las lágrimas llegan tarde casi siempre.

17. Ojito con lo que ves.

18. El astrolabio del amor debe ser el beso.

19. El alma de la flor es su perfume.

20. Orar es raro.

21. El fruto sabe todo de la flor que nunca ha visto.

22. A la hora de la verdad, todo es mentira.

23. Se orientaba con los cinco sentidos.

24. Únicamente el inconsciente nos conoce y permanece fiel a nosotros.

25. Los árboles torcidos también dan frutos.

26. Es mucho mejor otorgar un deseo que pedirlo.

27. La tragedia es retórica.

28. La fantasía es el maquillaje del hombre.

29. Quietud y sabiduría se complementan.

30. No hay Corte sana sin cortesanas.

31. Mi prójimo soy yo.

32. La necedad de muchos es capaz de cambiar gobiernos.

33. Los iguales se amontonan; los diferentes se aíslan.

34. No confundir religión y clero.

35. Los ateos devotos de cualquier ideología me dan miedo.

36. Ama más de lo que puedas, aunque te amen menos de lo que necesites.

37. Huye de quien no perdone nada.

38. Que no te supere la verdad ni te altere la mentira.

39. Si el ignorante es soberbio, es doblemente ignorante.

40. Murió de súbito supino.

41. Las flores son tan contradictorias como las mariposas caprichosas.

42. Todos queremos dejar en alguna parte algo que nos sobreviva.

43. La música de las piedras sólo la oyen los ángeles.

44. Si no puedes renovar tu realidad, renueva tu deseo.

45. No maldigo, si bien hablo.

46. La locura ni se evidencia ni se oculta.

47. Todos somos descendientes de Caín.

48. Una paloma pintada por Picasso vale más que una paloma auténtica.

49. La verdadera violencia consiste en dejar a alguien.

50. He olvidado los pretéritos, incluso los perfectos.

51. Cambió buena letra por letra de cambio.

52. Decretar es un verbo aborrecible.

53. Pagamos por habitar en el infierno, puesto que no creemos en el paraíso.

54. El Banco tiene nuestro dinero en su cuenta, no en la nuestra.

55. Entre el soneto y la sonata, no sé con qué quedarme.

56. El pato zarpó con sus zapatos.

57. Lo que imaginamos, eso es en verdad lo real.

58. Todo lo dio por bueno, pero todo se lo devolvieron.

59. La fe no mueve montañas porque no obra a través de la fuerza.

60. La herida del pensamiento duele toda la vida.

61. El oficio de poeta no me ha interesado nunca.

62. Esperar es tarea de dioses.

63. No nombres lo que no quieras ver.

64. La esclavitud nunca fue abolida como tal, únicamente se transformó.

65. Todas las cartas de amor se acercan a lo sublime.

66. Se puede ser ignorante e inteligente.

67. Cuando inventas un poema, toda la poesía se da por enterada.

68. Hasta que no se vaya la soledad, no me quedaré solo.

69. Pon al Estado en su sitio.

70. Muchos sólo tienen un libro de cabecera: la almohada.

71. Consume con sumo cuidado.

72. Una novela se hace; un relato se escribe.

73. Se oye mejor con los ojos cerrados.

74. Por más lejos que vayas, nunca irás más allá de ti mismo.

75. He pintado el silencio de todos los colores.

76. Si puedes ser contemplado puedes ser destruido.

77. Viajar es ver ajar.

78. El amor consiste en consentir.

79. Un aforismo en un ensayo: una luciérnaga en la noche.

80. El argumento es como la argamasa, nada en concreto y todo en conjunto.

81. Hablemos despacio de espacio.

82. La mayoría de novelas actuales son una confesión de confusiones.

83. Si el dios en el que no creemos es la causa de nuestros males, nuestros males son mentira.

84. A cada quien le vence su criatura, sea la más amada, sea la más abyecta.

85. El ángel que nos guarda, acaso sea un diablo desconocido.

86. Tengo el alma en los huesos.

87. No te andes por las ramas, si no eres árbol.

88. Poco a poco olvidé las palabras, pero no su son ido.

89. El silencio nos alumbra por dentro.

90. Malvive quien mal habla.

91. Voy a escribirle a Dios una oración subordinada.

92. Un aforismo de más de una línea es un libro demasiado extenso.

93. Pasa el tiempo enterrando al tiempo muerto.

94. Le dio el precio del desprecio.

95. Cerró su mente, pero las moscas siguieron entrando.

96. Llevaba una doble vida, por eso se murió dos veces.

97. Hay aforismos que son como fotografías del eco.

98. Ni más deseos que Píndaro ni más bienes que Diógenes.

99. Consiente sólo con los sentidos.

100. Si te mantienes fiel a ti mismo, no puedes mantener a nadie.

101. Medio mundo se muere por adelgazar. Y el otro medio, de hambre.

102. La democracia es subjetivamente absolutista.

103. Entre Juana de Arco y Juana la Loca, cuánto rey poderoso.

104. Detesto a los poetas que se detestan entre sí.

105. Yo no soy metafísico, sino metalírico.

106. Hay más ediciones que adicciones.

107. No profeso profesión ni sigo procesión alguna.

108. Esta puta vida pública de los demás nos está entonteciendo.

109. No siempre quiero saber a dónde voy.

110. Sólo me conoces si me escuchas cuando callo.

111. La velocidad que, pronta, nos acerca, bien pronto nos separa.

112. Los números ejecutan lo que las letras sentencian.

113. No sabía nada, nada tenía y a nada aspiraba.

114. Cerraba los ojos para ver más claro.

115. La literatura es la prueba de que también soñamos despiertos.

116. Todo por ti, pero no contigo.

117. No siempre es conveniente conversar.

118. Quisiera, cual Pitágoras, acordarme de todo.

119. Cuando la carta del amor llegó, ya el amor había cambiado de dirección.

120. La poesía no tiene por qué ser solemne porque no todo lo solemne es poético.

121. Un hombre vale sólo lo que vale solo.

122. La liebre es a la suerte del cazador lo que el "lieder" es a la música clásica.

123. Rey ayer, hoy soy otra vez Adán.

124. La vida es una manera de perder la vida.

125. Yo no digo está boca es mía (coma) porque es tuya (punto).

126. Dispárate, disparate.

127. Hay dos clases de vocación que no coinciden nunca: la del ornitólogo y la del pájaro.

128. Dale sentido a tu vida: óyela.

129. Los errores casi siempre se cometen por horror.

130. No es fácil rayar el fósforo de la imaginación.

131. El aforista escribe bien poco, bien.

132. Aerodinámico no es el avión. Aerodinámico es el delfín.

133. Lo poético es más justo que real.

134. El hombre es un ser copulativo.

135. Una cosa es lo que no es otra cosa.

136. Las fotografías son cadáveres, no siempre exquisitos.

137. El Esopo de Velázquez se me antoja el mejor de los aforismos pictóricos que he visto.

138. El ojo es la metáfora del pensamiento.

139. La poesía es un acto de fe.

140. La libélula no perfuma cual la flor ni da miel cual la abeja. La libélula existe para ser vista únicamente.

141. Muchos jueces piensan en Don Quijote como arquetipo de la Justicia; sin embargo, condenarían hoy a Cervantes.

142. Fantasmas frente al espejo, eso somos.

143. Esperar es adversativamente cierto.

144. Siempre hay algo terrible en la belleza.

145. Saberes y sabores, eso quiero.

146. No conozco ni sé de escritor alguno que no "coleccione" libros.

147. Siempre quise habitar en la isla del tesoro.

148. No me suicido porque no tengo ganas.

149. Si te has de alabar, lávate cuerpo y alma.

150. El que calla ni da ni quita razones.

151. El buen trato entre los hombres es sin duda buen teatro.

152. Sabía tantas lenguas, que estaba solo en múltiples idiomas.

153. Mandorla: Origen del origen.

154. Todo libro es un libro inconcluso, una historia interminable.

155. El oro del auténtico filósofo no suele ser fácil de visualizar.

156. Si te amo como vampiro, ámame de igual manera.

157. Dónde está ese libro que me quisiera leer.

158. Vengo a ver si no voy.

159. Hay algo más triste que morir joven, morir viejo.

160. Aunque echó las campanas al vuelo, estas no volaron.

161. Se dice la vida que llevamos, cuando deberíamos decir la vida que nos lleva.

162. Bécquer o Beckett, esa es la cuestión.

163. Todos los soldados debieron haber sido de plomo.

164. Le debo más al Diablo que a Dios, pero no diré por qué.

165. En el cine todo puede ser de otra manera; en la vida, no.

166. El buen plagiador es aquél que mejora lo plagiado.

167. Las opiniones debidas -o pagadas- no me interesan en absoluto.

168. Me duelen las muelas del juicio... final.

169. La vida es un sueño que nos sueña la muerte.

170. Nunca es demasiado tarde ni demasiado pronto, pues en el tiempo no hay tiempo.

171. El vino llegó sin venir a cuento.

172. Podemos inventar el futuro; el pasado, no.

173. Me fascinan los epigramas gramaticales.

174. Los acentos pueden cambiar el discurso de la acción, la obra y hasta el tiempo.

175. Todos somos instrumentos que alguien toca.

176. El abuso hace del uso virtud o pecado.

177. A los dioses conocerás porque carecen de cicatrices.

178. Qué no, Queneau.

179. El amor propio es común a cualquiera.

180. La mirada es religiosa porque se basa en el misterio.

181. El silencio no tiene nombres ni poetas.

182. Imagina que las cosas son como son. Y no lo son.

183. Vocales: aforismos de la lengua.

184. Si queréis llamarme señor, detrás del nombre, por favor.

185. Para muchos, el dinero es como la dinamita: lo destruye todo.

186. Concomitancia: dibujo un niño y debajo escribo perro.

187. Cada ciudad sabe de dónde es y dónde está.

188. Se especializó en el escepticismo más lujoso.

189. Coleccionaba diferentes formas de no ser nada.

190. Lo nuevo es tan temporal como lo son las tormentas.

191. Todo tipo de arte tiene una parte lúdica.

192. Me gusta el progreso, pero no el técnico, el étnico.

193. Tu "soñar sonoro", Edmundo, me despierta a menudo.

194. Había una tormenta de heliotropos con olor a vainilla, pero sin truenos.

195. El poeta sería cual el escritor; el novelista, tal el escribiente.

196. El ser solitario por excelencia es el caracol.

197. Ni tiene amo ni ama a nadie: la soledad.

198. Los malos periodistas no acatan ni rescatan la verdad.

199. Qué bien me sienta la grandeza del harapo.

200. La soledad es una invención de los adultos.

201. Se ausentó sin dejar señas.

202. Suelo consolarme con el suelo.

203. La vida es el único peligro de muerte que conozco.

204. Una carta puede ser el aforismo del amor ausente.

205. Vivía en la boca/calle del olvido.

206. La encina más resistente y poderosa nace de una humilde bellota.

207. Siempre estaba en las nubes, menos cuando llovía.

208. Se la comía con los ojos porque no era precisamente hambre lo que tenía.

209. Aquel hombre se alimentaba con palabras, aunque quizás no fue por eso por lo que le habían encontrado un exceso de antónimos en la sangre.

210. Había conseguido inventariar a todos los filósofos chinos.

211. En vez de mirarse, se admiraban.

212. Era tan buen detective que estaba empeñado en averiguar la coartada del muerto.

213. Cuanto más oscura esté la noche, más brillarán las estrellas.

214. Algunos son especialistas en vestir a la verdad desnuda.

215. Ni la falta de fe falta, ni el exceso de fe sobra.

216. Estoy a favor de abolir todas las leyes. Todas.

217. Hay cretinos que son grandes artistas.

218. Si no hubiera desierto, no habría oasis.

219. El ser recto no es más eficaz que el ser curvo.

220. El pájaro solitario de la literatura es el aforismo.

221. He visto platos con hambre.

222. No busquen más a Federico. Federico está en la luna.

223. Odradek: representación de lo imposible.

224. En mi cajón de sastre no hay ni un solo traje.

225. Vivía de ilusiones, pero murió de verdad.

226. Para ser uno mismo hay que haber sido muchos.

227. Es un fabuloso narrador. Nada de lo que escribe es cierto.

228. Algunos tienen un punto de vista que no consigo ver.

229. Hay vacíos llenos de erudición.

230. Una gran obra no precisa de un gran escenario.

231. Ojalá nuestros ojos fueran tan objetivos como lo es la óptica de la cámara de fotos.

232. Deja de sacarle punta a mi lápiz.

233. Si las vocales desaparecen, todos los idiomas se quedarán mudos.

234. Hay pocas leyes justas.

235. Dudo si vamos al Paraíso o si venimos de él.

236. Cada uno tiene las cicatrices que se merece.

237. El demonio sabe que creo en Dios.

238. Era inventor de citas falsas.

239. El placer mata a su gusto.

240. Los sentimientos no nos piden opinión.

241. No des esperanza a quien no dé frutos.

242. Péiname la sangre con tu saliva.

243. Me deleito en mis sueños, se suicidó una flor anoche.

244. Eva fue creada antes que Adán porque el que se aburría de estar solo era Dios.

245. La fachada de nuestro cuerpo es la piel.

246. En ocasiones, los que se cruzan no son los caminos, sino los tiempos.

247. Fue con pies de plomo y regresó descalzo.

248. El hombre en realidad sueña su alma.

249. A veces se nos ocurren cosas que nunca ocurren.

250. La civilización atesora más ultrajes que la barbarie.

251. Hoy la plebeyez es más una actitud del hombre rico que la condición del pobre.

252. La verdadera aventura del escritor comienza después de muerto.

253. Todo el universo cabe en la imaginación de un niño.

254. El auténtico solitario nunca está solo.

255. Los gregarios siempre tienden a agruparse.

256. Más que saber lo que se escribe, lo importante es saber lo que no ha de escribirse.

257. Sin Bruno Munari, el arte moderno estaría mutilado.

258. El éxito no es más que la mejor manera de fracasar.

259. La fortuna hizo más desgraciado a Tántalo, que la desgracia a Patroclo.

260. Cuando olvide tu nombre, no sentiré mi dolor.

261. Si queremos que la soledad nos quiera, también hemos de quererla.

262. Unos son artistas por la gracia de Dios, y otros, para nuestra desgracia.

263. Yo no soy devoto del voto.

264. Fugarse es un arte.

265. Los poetas son más astutos que los políticos. Plagian muchísimo mejor.

266. Todo está hecho de instantes eternos.

267. Cuando no sabes qué hacer, comienzas a saber.

268. La poesía está hecha de palabras que no son nuestras.

269. La usura usurpará la poesía.

270. Escribir debería ser un acto de amor.

271. Libérate de los liberales.

272. La esperanza dura más que la espera.

273. Ningún Estado te educa, pero cualquier Estado puede imponerse sobre ti.

274. Intentó ir por una cuaderna vía y acabó con el pie quebrado.

275. Tócame una fuga en "mi".

276. La vida es un collage inacabado.

277. Donde comienzas tú, comienza el aire que respiro.

278. Se ofrecen elogios a precio de ganga.

279. Cada uno se engaña con lo que mejor le sienta.

280. Qué miedo nos da ser lo que somos.

281. No te deshojes como las flores, desójate como los grandes amantes.

282. Hay un límite en que la tolerancia deja de ser una virtud.

283. Yo no conozco el miedo, pero él a mí, sí.

284. Lo que mejor escribí lo escribí antes de saber leer.

285. Dormía cómo un pájaro muerto.

286. Aunque no cuenten con uno, uno cuenta con ello, que diría Jardiel Poncela.

287. No se halla la perla limpia, si no es en la joyería.

288. No escribas acerca de mí, acércate.

289. Todo buen aforismo se puede memorizar fácilmente.

290. Tu reposo es mi posada.

291. Cada criatura bendice su creación.

292. Las letras se agrupan en el abecedario como se agrupan los granos de trigo en las espigas.

293. Quisiera morirme antes de que me quiera morir.

294. No subiré mi vida privada por la escalera pública.

295. Todos los ríos se aquietan cuando presienten su final.

296. El hipocondríaco se siente mejor cuando está enfermo que cuando cree estarlo.

297. Según El Libro de Henoc, fueron los ángeles malos los que enseñaron a los humanos la escritura.

298. Entre el ser y el tener nos detendremos.

299. Oigo los elogios como quien oye llover.

300. Debí ser lo que soñé, pero me engañó la vida.

301. Con los solitarios me sucede lo mismo que con los perros, que me siguen sin que los llame.

302. Yo pertenezco a la alta soledad.

303. Cuanto más sé, más solo estoy.

304. Soy el impostor de mi propia vida.

305. El día de mañana es hoy.

306. Si no hubiera hombres con tanto poder, no habría tanta podredumbre.

307. Hay usos tópicos y utópicos.

308. No es que yo diga algo nuevo, es que tú lo escuchas por primera vez.

309.Menos mal que el bien también existe.

310. Cuanto más hermosa sea la flor que se marchita, más profunda será nuestra sensación de pena.

311. No tengas por menor los pormenores.

312. El buen aforista guarda silencio en todos sus bolsillos.

313. Un beso mal dado es como un aforismo mal escrito.

314. Hay afuerismos y adentrismos.

315. Que no te asuste la muerte porque la muerte y la vida sólo se diferencian en su ruido.

316. Tu -pi es mi 3,1416.

317. El poeta siempre anhela comenzar de nuevo.

318. Bulas o bulos, he ahí el dilema.

319. Sé lo que seas.

320. Cuando el silencio se rompe, se rompe el mundo.

321. El amor no se piensa.

322. Ve a verte.

323. No te comprometas. Comprometerse es anularse.

324. Si quieres descubrir lo desconocido, busca lo desconocido.

325. Toda la poesía debería ser gratuita y anónima.

326. El arpa para la música en el aire.

327. Le quitó el reloj para darle la hora.

328. Quiso ver pasar la vida sin que lo vieran.

329. Cuando escribas un aforismo, trata de que sea un libro entero.

330. Lo que más necesitamos nos lo da la tierra. Lo que menos necesitamos la tierra se lo lleva.

331. Si pones en un pesebre paja y oro, el asno elegirá la paja.

332. El colofón de toda guerra es la paz.

333. Abrió el libro por la página de los presagios. Y se perdió.

334. Había declinado todas las palabras del diccionario.

335. La vida es un poco de sol al lado de la sepultura.

336. Cuanto más se exhiben los necios, más necios son.

337. Le crecieron madreselvas en las plantas de los pies.

338. La mula y el burro no se reconocen.

339. Se va más lejos por pasión que por compasión.

340. Tener es un verbo posesivo.

341. Se hizo fuerte a base de despedidas.

342. Una sonrisa demasiado forzada se puede romper.

343. Algunos pierden la vida para salvar el pellejo.

344. Nada me falta, si nada me hace falta.

345. A pesar de los dichos, ni el beso ni el verso libre existen.

346. El mejor arquitecto es el pájaro.

347. Leer mal es como servirle la comida fría al mejor cocinero.

348. Hay canciones de cuna que sólo la luna escucha.

349. No acostumbro a hablar mucho de la muerte porque creo que nunca he estado muerto.

350. Si quieres ser rico, sé generoso en tu pobreza.

351. Para que pueda existir la leyenda, quizás sobren las bibliotecas.

352. Aunque te equivoques de boca, bésame.

353. Si te mandan de paseo, pasea.

354. Tenía un problema y dos mil soluciones.

355. Lo miraron por el punto de mira.

356. Se vendió a precio de saldo.

357. El silencio ni siquiera abrió la boca.

358. Ninguna ley tiene alas.

359. Quiso meter en vereda su camino equivocado.

360. Me muevo si me conmuevo.

361. Cuando me echo en falta, echo en falta a los demás.

362. El diccionario es el cementerio al que van las palabras.

363. Un profesor suele ser alguien que profesa lo estipulado.

364. La verdad siempre se exilia de la boca que la pronuncia.

365. El gran criminal de los últimos siglos ha sido el Estado.

366. Cuando traducimos un poema, se nos escapa la música.

367. Hay cuerdos y recuerdos.

368. En los cementerios se ven pocos perros, pero muchos gatos.

369. Hasta los desarrapados y los mendigos tienen jefes.

370. Tenía ojos de pensador y manos de ceramista.

371. La precariedad se nutre de la caridad.

372. El peregrino es mi único hermano, porque peregrinar es todo cuanto deseo.

373. Los pájaros cantan más cuanto más solos están.

374. Todos estamos en libertad condicional.

375. El ratón sabe que el gato es cazador; pero no que el queso pueda ser una trampa.

376. En el manicomio de La Bolsa todos están locos por el dinero.

377. Después de todo, lo sabemos todo. Pero ya no importa.

378. Si buscas el poema, el poema se esconde. Pero si te escondes tú, el poema te encuentra.

379. Cuando el corazón se alarma, también se arma.

380. Estaba tan solo, que veía doble.

381. Nadie sabe que estoy aquí soñándole la vida a otro.

382. La caridad tiene muchas caras.

383. Demócrito se autocastró para desasirse del mundo.

384. Vamos a la eternidad porque venimos de ella.

385. Píndaro fue el primer cronista deportivo.

386. El demasiado odio nos hace demasiado vulnerables.

387. Llama a las cosas por su nombre, pero no le contestan.

388. La mentó sin lamentarse.

389. No os fiéis de los demócratas, pues sus inventores -los griegos- condenaron a muerte a Aristóteles y a Sócrates.

390. De todas las formas de soledad, la peor es estar mal acompañado.

391. Todo lo que hay en los museos es arte domesticado.

392. Lo heredó todo de Heródoto.

393. No otorgues derechos ni impongas deberes.

394. "Me gustas cuando callas" porque así no te oigo.

395. Una y uno pueden ser muchos.

396. La muerte nace de la vida, como la sombra nace de la luz.

397. Pocos escritores suelen confesar la verdadera razón por la que escriben.

398. Para saber que no se sabe nada hay que saber tanto como Sócrates.

399. No me fío de la burocracia ni de la democracia.

400. Del por venir no viene nadie.

401. En el barco borracho de la vida sólo viajan seguros polizones y piratas.

402. ¡Qué razón tienen los locos!

403. De la anotación a la denotación sólo hay un sol sostenido.

404. A veces nos habituamos al horror con más facilidad que nos habituamos a la ternura.

405. Dondequiera hay un maestro callado que, sin necesidad de la escritura, nos enseña.

406. Ninguna guerra puede ser ganada.

407. Un buen día lo tiene cualquiera, y uno malo, también.

408. Tengo nostalgia de lo que no ha sido todavía.

409. Los poetas fundan la eternidad.

410. Entre los poemas predicados y los dedicados, no sé bien dónde quedarme.

411. Algo de nosotros se queda en "nuestra obra".

412. La palabra duda nos mira sin que podamos saber qué piensa.

413. Sin azar, no hay arte.

414. Dicen que sin final no hay historia.

415. Es mejor, frente al cazador, ser gorrión que perdiz.

416. No llegaré a ese lugar donde todos llegan, porque no fui por donde todos van.

420. Una luz tiene el poder de encender la noche.

421. Los besos que se dan de prestado se olvidan también así.

422. Si tu bondad no te hace ser el mejor, tu talento tampoco podrá.

423. La muerte se olvida de morirse.

424. A la liebre del sonido la persiguen los ecos.

425. La noche era todavía una huella en sus ojos: negros.

426. Todos los que escriben rezan una oración común.

427. La zarza pincha más cuanto más florecida está.

428. Debía mucho, pero lo apagó todo.

429. Los esenios nos enseñaron más que todas las vanguardias del Siglo XX.

430. Siempre es la víspera de aquello que no nos sucederá más que una sola vez.

431. Hay líneas curvas.

432. Hablaba solo desde chico. Luego, de mayor, ya nadie lo entendía.

433. No te afanes en poseer ni en lo contrario.

434. Ve y vela a tus muertos.

435. Allí donde encuentres refugio para el alma, levanta tu casa.

436. No colecciones absolutamente nada. Lo importante es el tacto.

437. Aunque la vida no sea un juego, juega.

438. La sabiduría no es un don, es la dueña de los dones.

439. Algunos pretenden ser importantes, decisivos. Y hay quienes no pretenden más que ser invisibles.

440. Se asegura que la suerte hay que buscarla. Pero si ella no nos busca, nunca nos encontraremos.

441. Con los años las palabras se vuelven avariciosas e interesadas.

442. Conserva bien al hombre que va siempre contigo.

443. Oscuro beso el de la suerte con -eme.

444. Después del amor, ya no hay destino.

445. Pasó toda su vida buscando la verdad, pero tuvo la suerte de no hallarla.

446. Los ángeles no lloran.

447. Digan que no o digan que sí, qué importa si el sino es uno.

448. Siempre hablamos de historia como si supiéramos qué es.

449. El deseo desea más de lo debido.

450. Los golpes de efecto no me afectan.

451. En el duelo a muerte o vida, quién pierde, quién gana.

452. El hombre está perdido desde que aprendió a hablar.

453. Muchas veces nos duele la vida porque no tuvimos valor para vivir.

454. Aunque no puedan ser vistos, los colores pueden ser pensados.

455. Sin luz no hay ni sombra de colores.

456. La libertad, sea lo que sea, no puede hacernos iguales en este mundo.

457. Si no hay varios amores, no hay amor. O al revés.

458. No me llevo bien con el poder de nadie.

459. Me pregunto si Dante Alighieri estará en el Paraíso o en el Infierno.

460. La sombra no es más débil que los pies que caminan sobre ella.

461. Las guerras lo cambian casi todo, aunque casi todo vuelva a repetirse.

462. Los demonios nos ignoran más de lo que los ignoramos.

463. Cuando fuimos dioses, no nos dimos cuenta.

464. La verdad es que tardamos demasiado en perderlo todo.

465. El ser civilizados es sólo una manera de ser domesticados.

466. Una vez muerto, estás ausente para siempre.

467. El humo es al fuego lo que el eco al grito.

468. De lo divino, nadie sabe más que Dios.

469. Si quieres ser otro, créalo.

470. Un libro que no se lee jamás, jamás tuvo dueño.

471. No escribas de mi escritura. Conóceme.

472. Si no te sobra tiempo, te faltarán signos de puntuación e incluso de expresión.

473. El ritmo es a la poesía lo que la sangre al cuerpo humano.

474. No corrijas mis errores con los tuyos.

475. Si he de ser indigente, que no sea como Cervantes, que sea como Homero.

476. La nada es un aforismo cotidiano que pocos han conseguido leer.

477. El amor tiene el poder de crear nuevas palabras.

478. Al almendro nadie le asegura que dará frutos, pero los da.

479. Mi estética fotográfica proviene en esencia del cine y, en particular, de Orson Welles.

480. Aforismo: Desaforo del saber.

481. Si te dan la callada por respuesta, no se la devuelvas.

482. La rutina, cualquier tipo de rutina, acaba con la civilización, cualquier tipo de civilización.

483. Cuando ya no nos sirvan las respuestas, qué preguntas nos haremos.

485. A quien más me parezco es a Joe Gould.

486. La docencia sin decencia es lo que está envileciendo a España.

487. Si es demasiado locuaz, tiene pocos amigos.

488. Uno nunca sabe más de lo que sepa otro uno.

489. Escribir cómo lo hace el tiempo: constante y en silencio.

490. Del hombre y de su boca ha salido tanto saber, que apenas los dioses les contestan.

491. Quería escribir un libro imposible, y lo escribió la muerte.

492. De un salto mortal se trasladó al cielo-raso.

493. Después de todo, nos queda por herencia el interminable silencio de los ausentes.

494. Para el dolor, el olvido, para el olvido, la sombra, para la sombra, la luz.

495. Jorge Manrique escribió probablemente la mejor composición lírica de la literatura universal.

496. No critiquen mi obra, critíquenme a mí.

497. No temas al miedo.

498. El amor es siempre bien servido, salvo cuando sólo se autocontempla.

499. Holofernes no tuvo piedad con Betulia. Y Judith no tuvo compasión de Holofernes.

500. Una amistad que no se demuestra es una amistad que no existe.

501. Fin: Muerte de todas las metáforas.

Ediciones Vitruvio

Últimos libros publicados:

Mil años de poesía (1000-2000), número mil de la colección Baños del Carmen

Autobús nocturno, de Luis Machuca Moreno

Donde nadie dirige la mirada, de Fernando Fiestas

Siempre promete amanecer, de Ignacio Eufemio Caballero

Recuento de ilusiones, de Norberto Garcés

Y la que escucha no es ella, de Silvia López Ripoll

La levedad, de Cristina Liso

La niña que ha sembrado la tierra del poema, de Josela Maturana

Despacio y tiempo, de Angie Expósito

El agua en la mano, de Félix Recio

Parábola entre parabólicas, de Pablo Villa

Centinela del viento, de Daniel López Acuña

Guiñol, de Pedro López Lara

Historias encontradas, de Domingo Luis Hernández

El gozo cumplido, de María José García Mesa

Postales del norte, de Juan Gil Bengoa

Obra poética incompleta, de Yong-Tae Min